z eros

Bilingual Press/Editorial Bilingüe

General Editor
  Gary D. Keller

Managing Editor
  Karen S. Van Hooft

Associate Editors
  Ann Waggoner Aken
  Theresa Hannon

Assistant Editor
  Linda St. George Thurston

Editorial Board
  Juan Goytisolo
  Francisco Jiménez
  Eduardo Rivera
  Mario Vargas Llosa

Address:
Bilingual Review/Press
Hispanic Research Center
Arizona State University
Box 872702
Tempe, Arizona 85287-2702
(602) 965-3867

z eros

alurista

Bilingual Press/Editorial Bilingüe
TEMPE, ARIZONA

© 1995 by Bilingual Press/Editorial Bilingüe

All rights reserved. No part of this publication may be reproduced in any manner without permission in writing, except in the case of brief quotations embodied in critical articles and reviews.

ISBN 0-927534-45-2

Library of Congress Cataloging-in-Publication Data

Alurista.
    Z Eros / by Alurista.
      p. cm.
    ISBN 0-927534-45-2
    1. Mexican Americans—Poetry. 2. Political poetry, American.
3. Erotic poetry, American.   I. Title.
PS3551.L84Z2   1994
811'.54—dc20   94-32330
                                                                       CIP

PRINTED IN THE UNITED STATES OF AMERICA

Cover art Woman Idol *by Tizoc Urista*

Cover design by Kerry Curtis

Back cover photo by Gloria González

Acknowledgments

Partial funding provided by the Arizona Commisssion on the Arts through appropriations from the Arizona State Legislature; additional funding provided by a grant from the National Endowment for the Arts in Washington, D.C., a Federal agency.

Contents

dedication	1
lema in lieu of prologue	2
to my students	3
no es hora	4
esos	5
still	6
¿y tú?	7
mano	8
u b	9
desert slaughter	10
b the blood	11
no prophet	12
ven	13
magma	14
judas	15
calli con cuatro equis	16
sing forth	17
kuceb sé poco yo, sabes tú más	18
pues, ¡y qué!	19
¿qué? . . . yes	22
una	23
tú	24
enséñate	25
tu boca	26
a poco	27
pero	28
aquí no hay	29
there b no	30
do u dare	31
i hear thunder	34
miami rastas	35
weaving down	36

gracia	37
en la noche	38
vía, vía	39
un cielo azul	40
voraz león	41
sigo escribiendo	42
cuando pierda todas las partidas	43
letting go	44
yo ya no	45
to wait	46
besar tus rodillas cruces	47
raro	48
roma roja raja tabla	49
dos	51
there bee	52
ex-ostión	53
walking about	54
este llanto que te canto	55
now bless	56
el coquí	57
tú	58
foolish rituals	59
asfaltos amueblados	60
head	61
not possible	63
high plains	64
he remembers	65
saw one	66
loose not	67
cross bow sling	68
yoga	69
below thee	70
sólo	71
cuando	72
u know poetry	74

dedication

i dedicate this book of life and love to ahuitzol, ana, baltazar, betita, bonita, carmen, cynthia, cristina, delilah, diana, dolores, eli, esperanza, fania, felicia, georgina, gina, ginger, huitla, holi, ina, irene, itza, jadei, jakolin, juura, kali, karen, katarina, kilea, laura, liza, lorena, lorna, lynn, maoxiim, marisol, maura, natasha, nayeli, nelly, nina, olimpia, olivia, paula, patricia, penelope, quaila, quoa, rebecca, rini, rosa, ruth, seline, sasha, syanya, tamara, tizoc, tonya, tuli, tulizia, ulea, uxi, valeria, venicia, veronica, victoria, wai, wapa, wesa, xai, xelina, xusi, yanira, yetsi, yolanda, zacae, zahi, zamná, zazie, zena, zuni, and above all eros and all my relatives.

alurista
califas '94

    may u all walk in beauty
           and gather rainbows
in aztlán
      sin fronteras

lema in lieu of prologue

it is better to die
    sin calzones y bien acompañada
on a simple petate
que vivir
    vestida and in vain company
without a good metate
prefiero morir amando
    aching through life
que vivir temiendo
    not daring to love
amo luego soy
    therefore i ache
    ergo i am
luego i b in love
    y no le temo a nada
              © '74 zapata eros

... life *is* a beach 'n' then
        you have to swim to z

to my students

in a world where death is a yankee hunter
there is no room for a humble mexican,
guilt, hesitation or remorse
there's only time for love, and action and revolt
and revolution so the children may b fed
clothed and shoed, so the children may b housed
so the children may b educated to build a new
world order based on the economy and industry
and technology of peace.
time to b one to do what has to b done to b
busy being born and cast away the unchoice
to b busy dying

no es hora

no es hora de crucificar judíos
    es hora de desclavarlos
    es hora de fuetear a los usureros
    es hora de vivir de pie
    es hora de liberar magueyes
        de amar
        de conciliar árabes
judíos y palestinos
        camello pa' todos
        vamos pa' meca
            jerusalén
            palestina
            aztlán, a ver como nos toca
        el fascismo aquí no rifa

esos

esos ojos
   esos ojos que me acosan
   sin convertirme en moneda
esos ojos
   esos ojos que me añoran
   sin lavarle yo las manos
esos ojos
   esos ojos que chispean
   sin extrañar su reflejo
esos ojos
   esos ojos que meditan
   sin castañear su pisada
esos ojos
   esos ojos que transparentan
   sin brumas limpiando el alma
esos ojos
   esos ojos que fabulan
   sin tambores y sin flautas
   no son, no son, no son són
   son tus ojos són, si son

still

    steel, still?
    yes, a catholic
        a buddhist
    and a communist
    in cuernavaca or bremen or
    siberia for that matter cuauhtla
    águila que asciende, huelga
    steel, still lighting candles
    speaking to thorns and drawing
        blood without taking
        hearts out, we trickle
    bronze 'n' roses for the meek
    the proud chew tobacco and stomp
    boots in chicago or texas for
    that matter without spirit
    without duende o castañuelas
    without plumas o armadillos
    without flowers, without algae
    without earth and without sea
    we weather sun and wind

¿y tú?

¿y tú, qué sabes de abrazos?
    hugs not drugs
¿me escuchas?
¿y tú, qué sabes de besos?
    hugs not drugs
¿me oyes?
¿y tú, qué sabes de huesos?
    hugs not drugs
¿me entierras . . .
. . . o me resucitas?

mano

    mano imperecedera
        mano, hermano, hermana
 ¿pero quién crees que tú eres?
    sí
    tú
    eres mi otro yo
        mi mano
derecha, saluda
izquierda, bendice
    manos dos dio borderless
pisadas pa' caminar
    across riverless, grand
hand cut ride canoe, océano
chilaquiles genuflect ranfla
mole i agua de uvas
    unionizadas
la raza rifa
    i ké

u b

u b black don' step back sit u now to the front
    this b your bus
u b brown don' stick around traverse the full length
    inside the belly of the shark
    'n' take his heart out
u b white u not b all right, b left to do
what got to b done
u b red u make sure all, all the children
    b fed, do wake up the dead
    u b busy being born
u b u as i b i and we b we
    b history u, i, we make
    b herstory u, i, we bake
    b u i, we one people, one earth
    one fluid, one breath, one love yes

desert slaughter

desert slaughter
does it matter?
b our oil
b their blood
b our interest
should we not
partake, and take
and part with it
b our oil
b their blood
b our interest
lives and humans
are now just
collateral damage
meaning damage
on the side
the "real" damage
on the building
on the rigs
on the land
on the temples
of an ancient race
on the hearts
of an ancient culture
desert slaughter
does it matter?
b our oil
b their blood
b our interest
the "new order"
now prevails
never mind tomorrow
the world b ours today

b the blood

b the blood that drips
   deep down to us
a nosotros sólo nos queda el maize
las tortillas, los frijoles
   el chile y algunas frutas
b the blood that drips
   deep down to us
¿qué tenemos que nos queda?
aun más deudas, más cadenas
   más excusas y más leyes
b the blood that drips
   deep down to us
esta mentira del hombre
que se esconde del amor al prójimo
   que no cambie, que sí teme
b the blood that drips
   deep down to us
después de todo, el petróleo no es nuestro
sangre de dinosaurio, magma de la tierra
   y los volcanes surgen, emergen
      como nuestro pueblo
         pirámide

no prophet

no prophet
certainly no king
no luther, martin
or christ or brown
nail the bankers
free the interest
free thy greed creed
creedgreed greeting
card upon graduation
to deliver us to credit
when we have already
surrendered our hearts
and our minds
befogged remain
by lies and war
and violence
and injustice
reap what u sow
malcolm, kennedy
and zapata died
chávez died peacefully
without boxing gloves
or golden belts
jackson prevails
bush burns and quail hides

ven

ven tú, que yo quiero verte
déjame volcar mis ojos
sobre tu rostro rocío
que tus muslos matutinos
buscan la miel de una abeja
aquí hay flores en tu casa
y tus manos están frías
cuán tu corazón ardiente
yo no conozco este fuego
aunque guardo los tambores
ven tú, que yo quiero verte
ven, ven yo no soy abeja
soy hormiga no la muerte
es la vida que te entrego
nuestro corazón el juego
con la verdad inminente
hay que labrar la vereda
¡mira! ¡espera! ¡ama!
¡sé tú única! ¡como eres!
y déjame acompañarte
que la compañía sin arte
pronto perece, envejece
marchita y ya sin aroma
ni el papa les hace caso
no hay abogado que lidie
con el toro en la pradera
ven tú, que yo quiero verte

magma

saturno gira, sus anillos le rodean
caduca sonrisa plena
y guerreros se yerguen
el sol centra, la guerrera duerme
buscando el amanecer del habla
la magma brota en la salsa
hay volcanes en la tierra, telúricas
sus presencias, son los ojos de esa lava
que nos labra un universo
el abrazo entre los duendes
amerita muchas flores, es el futuro
de amores y sabores conocibles
por eso al dormir despierto
interrumpo yo tus sueños
pues no quiero yo ser dueño
sino duende en tu floresta
y si el baile aquí no abre
con cadabras y las piedras
hay una gema que impune
brilla en la noche y taladra
diamante tu voz
palabra
mujer imperecedera
tú la milpa, ejido suerte
preséntanos a la luna
así brotará semilla
así floreará la rosa
así llegaremos ambos

judas

¿por qué? judas, atesoras iscariote
    la moneda pinochet
o cualquier mentiroso "arbusto" cia
    que flamea "read my lips"
    y quail parrotea . . . "he's my boss bush"
¿yo qué sé? . . . el miedo opaca nuestro amor
aun las uvas producen teología revolucionaria
    y la marea sube
    y "el niño" nos recuerda
    que los volcanes son origen
    que la llamada "lava"
    es magma y otro estado
    de la materia llamada "real"
    augura un nuevo día, era
¡i ké!   ¡hay hombres!
    no hay cruz que paralice
    él, amorfésperanza, él
        ¡es!
        ¡sí!
    volcanea tu voz
        vuestra es
    esta lágrimadorada, tadeo
                bendito eres

calli con cuatro equis

calli, teo, dios, mi otro yo, dos
        mi caza es tu caza
jaguar, cazadora, iz et!
    . . . er mana x? et tú?
    . . . eres tú, dios? yes?
    en tu casa estoy
        presa soy ya!
sólo abunda un jugo
        se llama él
                amoromamor
y las matemáticas
        sirven sólo para
construir pirámides
        que no se caen
        con cualquier
        terremoto
aunque la luna se llene
        sin lugar x
        una puerta
        que dice x
        yes en todos
los lenguajes y las hablas
        de los pueblos
        que aspiran y rugen
        x su libertad

sing forth

your absent
joyful self
is missed
in these hard
lonely
days of reconstruction
i too would have in u
no less than that
which
faith
and hope
and love
          made many
a time blossom
and sing forth
your heart
beyond resentment
beyond fear
to trust again
and share
and surrender
to the day your light
and warmth to every night
your everpresence
flowers in me still.

kuceb sé poco yo, sabes tú más

un canto nuevo más allá de los colibríes que nos educaban para aceptar el militarismo, la guerra, la muerte causada por nosotros sabes aun así las flores eran acosadas por abejas que labraban miel para una sola reina lealmente, fielmente regresando al mismo panal por vida porque así, a sí, sí eran abejas guerreras pero producían miel no muerte y las hormigas también hacían lo mismo sin producir miel guardaban la comunidad más allá del invierno este es un canto nuevo, narrativa si tú quieres que no olvida ni los tiburones ni las ballenas a veces creo que no creo pero si creo que no creo obviamente creo, en ti en nosotros y duele sabes pero pos así es la vida ¿que no? pues sí pos no, depende en qué orilla observes la marea pero el mar continúa su ritmo los rayos lunáticos o suben o bajan el oleaje que esculpe cualquier roca como el viento taladra como bala cualquier morro silbando amorosamente una que otra playa yo regreso a lo mismo, la paz, tú me sorprendo, me sorprende como tu imagen, tu ser no desaparece por más que he tratado no hay otra paz, tú, sólo tú aun los halcones de cola roja aletean y bajan a avisarme que el sol que amanece es amor no hay distancia hay esperanza, lágrimas que extrañan tus besos, tu calor . . . ¿quién tú eres? ¿qué hay entre los dos? me conoces como nadie, sabes quien soy de donde vengo y adonde voy . . . si sé algo es por tu sonrisa.

pues, ¡y qué!

pues . . . mi pueblo
corta caña, pa'cer
la vida más dulce
esta es guerra, ¡sabes!
en morelos no se daña
en michoacán, mucho menos
en veracruz, ni se diga
tabasco y mérida hierven
chiapas ya está, se ha contado
¿contado? ¿quién cuenta al pueblo que vota?
pos, pos, . . . mi pueblo . . . sí, mi pueblo
corta caña pa'cer la vida
más, más dulce. esta es guerra, ¡sabes!
en quintana roo hay caoba, pueblo
duro, dura tierra. pero ya no nos engañan
en guerrero se levantan y en sinaloa los espantan
cuidado, cuidadito con coha, coa, huila, que
no se diga durango y chicas agus, chihuagua
chihuahua pos también está contada
pa' qué les cuento este cuento
si conocen la injusticia
el robo de ánforas
la milicia . . . que coman balas nos dicen
pero ya la turba crece, no perece
¡nos grita y nos canta i nos florea!
el águila ya no cae, zarpa los cielos cuauhtémoc
que listo ya está tu pueblo
tata, tata las culebras
las traiciones del gobierno
¡no, pos no! . . . ya pasaron los cien años
la tolerancia se agota
la paciencia no da ni agua
el arroz está muy caro

y el maíz bien machacado
los frijoles ni pregunten
sólo las caguamas saben
lo que se ha perdido en concha
perlas y dolores agrios
en la deuda de la arena
no, no somos romanos
ni somos griegos en tilde
si espartaco nos llamase
romperíamos las cadenas
porque no somos esclavos
ni tampoco somos peones
en sus juegos ajedreces
no paguemos esta deuda
puesto que ella no es pagable
mucho menos, más aún
es incobrable, pueblo edúcate
no temas
ama, ama
la justicia
democracia
sí, lucha por tu partido
sí, labra nuestra vereda
que se azoren los priciegos
porque el tuerto ya no guía
tenemos entre nosotros
mil ojos, mil corazones
y sabemos caminar
luchar y abrir brecha limpia
aunque saquen sus navajas
aquí ya no cortan flor
esta tierra y su producto
la labor, el sol y el fruto
el aire, viento y marea
son pa' todos o pa' naiden
¿pos qué se han creído estos?

raza pueblo incorruptible
¡sí, sí se puede!
¡sí, podemos!
a'nque crean en la'margura
nosotros cortamos caña pa'cer la vida más dulce

¿qué? . . . yes

¡sed, profesa!
¡maestro, sed, labra!
sí, sed vosotros vos
¡sed! . . . ¡sed! tú . . .
lo que nosotros somos
uno, una, dios, dos, das
espina, hambre, balas
¡sé tú, lo que tú eres!
¡sé tú, jornalero!
¡incrusta gema!
¡en acero, ve, ven!
ayúdanos hermana
esta milpa es nuestra
¡el maíz es para todos!
el mundo abunda
el ser afirma
nosotros semos semas
somos gemas
piedras rocas antiguas
¡profesa piedra!
habla i camina
mujer, ¡habla!
sé tú nosotros

una

una
pero, pera, es pera, ¿manzana?
¿no? ¡sí! ¡espera!
¡es dios! ¡sois vos! tú ¿ella?

tú

nadie toca mis dedos como tus pestañas
    abraza mis sueños como tus caderas
nadie besa mi visión como tus muslos
    mama mi luz como tu paladar
nadie coge mis ojos como tu ritmo
    aprieta mi niñez como tus ojos
nadie sonríe mi llegar como tu labia
    imagina mis pestañas como tu suspiro
nadie platica mi amor como tus quejidos
    recuerda mi paciencia como tu vientre
nadie soy   ante ti
        detrás de ti
        debajo de ti
                      a tu derecha
mi izquierda
                      a tu izquierda
mi ser
            sobre ti
            dentro
            fuera
            yo
            tú
            nadie
            es
dos, nosotros, dos, dios, sí, somos

enséñate

enséñate yo a vivir, a
ser dos, dios en un solo ombligo
el nuestro conocimiento tabla'o
floreando faldas castañeando
si tú te acuerdas de mí, pues
tu cuerpo sí, sí que sí
a'nque tu mente niégueme y
corazón despiste compañera
ñera, compa escucha tu espina
dorsal, a tus pies y morros
verticales jugosos que sé
que sí, que se quieren venir
dejarse mojar, llover dentro
duro y puro zapatea'o enzapeta'o
virgen morena, madre tu plena
y yo qué sé, y yo qué sé, y tú
qué, qué quema yema flama ama y deja atrá
tu miedo y tu vanidad, ¡ama!

tu boca

tu boca existe sólo en la voz del arroyo grande
tus besos vibran apenas en mis alas, yo vuelo
mis ojos descubren dulcemente tu ternura
mis pestañas aletean tu rostro, tus pechos
tus brazos quieren abrazar, extráñanme
tus manos quieren tocar, añóranme
aquí sólo queda el perfume de una luna, tú
sólo el sabor capaz de un nuevo río mujer
así imploro por tu tuna y por tu danza
vibro aún por la esperanza de tu lengua
quisiera hablar contigo con mi cuerpo
tal vez algún halcón desprenda plumas
rojas serán, han sido y como ave
cante yo tu nido así pues, tiburones naden
pelícanos vuelen a mi almohada y lluevan
huracanes anunciando terremotos y lava magma
así como escucho el cantogrillo, croa la rana
poco queda en esta tierra inmunda, sabes
instituciones que no sirven a nadie, enseña
el pueblo nuestro se ahoga, nos atragantan
con el miedo, la espuma, la bruma, mentiras
a veces dejo este cuerpo mío buscándote
las palmas y las aguas se estremecen
la tierra tiembla y el pequeño ruge
acomixtli marca sus veredas amorosamente

a poco

a poco tú crees que con un "free trade" agreement nos compran again, begin to begin 'n' begin to b begging this time we know siberia has more oil than méxico, venezuela 'n' arabia put together así que, qué pues do greasers prevail or are yankees driving dromedaries hoy día on the neofascist asphalt que han plantado en el corazón de todos sus ciudadanos que no se nos olvide que bushorrhea vino de reaganitis que clintonopolis puede ser tan culebra como su bloody relative, we do know they b vástagos of the same family quailing "free enterprise" quién se cree esta babosada when we bury people in the alleys and under the bridges from washington to rio de janeiro while we bail out savings and loan scams sinking fangs into the middle class viejitos who are not very happy 'bout this cuntree bearing thieves and vampires sucking all into the ire of bordered sinks that tell us we can no longer fly, sweep down winds, treasure skies, mountains and meadows let alone rainforests, a poco tú crees que no vamos a hacer nada, el que no nada se ahoga y el que no sabe that life is a beach will never find a playa to swim to, catch an ola or kill a great white shark

pero

    pero yo ¿qué te cuento?
        i am no one
to speak, spill ink
        on lined pages, sheets
qué sé yo, quién soy yo
sólo un hombre
mortal y pleno y listo
        give me land
or   give me death
        give me health
        give me food
        give me education
        give me, me!
'n' the world
            will be ours not mine
not any one's, we posit
        at least two 'n' four
            b my children
so allow us then
        to walk in beauty
        to walk in peace
        to walk in harmony
        to walk intelligently
        to rise at dawn
        to fall at midnight
        to treasure u justicia

aquí no hay

aquí no hay olas más arrogantes que las nubes, sobre este piedrero de montañas sólo la lluvia refresca. elegancia es una palabra que se lleva bien con los venados y las águilas y los lares de nuestros pueblos buscando lugares amorosos donde descansar, desesperados, desproveídos a vuestros pies el ladrón de lunas. balanceado y lleno de amor por una espuma marítima, esas olas taladran piedra, estas olas de río bajan sobre las sierras todavía. la escuadra de un hombre bien para'o regla su ángulo con los dioses estelares, más allá de los solares, y se vincula con un universo más antiguo que la región o la transparencia absoluta, del espacio antimateria, del vacío no, del hoy oscuro, hay, existe una luz etérea, una fuerza, un poder breve, mortal lleno de vida calor, color colorado aquí no hay olas que flagelen la roca baja, a estas alturas sólo las nubes escuchan al poder lunático del sol sobre esta sierra hay rosas rojas que ofrecen aroma i claridad i el águila dijo la serpiente, ¡zaz!

there b no

there b no
    power
or glory greater
    than earth, sun, wind
        and clean water son
we may have to die
        purposefully, deliberately
    smelling roses casting masks
doing what has to b done
    beyond burning bushes
    beyond quacking quails
        hail no führer, serve not
non serviam, say to your master
    u are no slave
    u are, yes
    u are thee, child
        revolution b thee, our verb
¿i el amor?
        . . . el amor es nuestro
destino irremediable
continente americano
somos uno porque
    américa es una
        y sus ojos derraman
        lágrimas de sangre

do u dare

moon full o' diamonds, look everything i do carves a long lost treasure smile with your eyes as i purse my lips in poverty, material u know heart remains whole, spirit loving one earth despite the news 'bout mars weep the twang u warp, twelve string may b thee, steel, cold, lava reaps new land hope, faith in us, cherish the will to b ourselves, selfishly we walk meadows, do not go beyond pride, shine sunflower, live, struggle, cut cane, plant orchids, count the petals off thee, rose, amatista perhaps the russian stones, alexandrines 'n' siberian dunes remain what u, i b doing, got no dough, cookies? a la . . . cookie?! . . . pos sí in silence peace prevails pablo plucking buganvillas, cats stalking, birds singing yet i think 'bout u cause the grapes served 'n' chaliced, no mind the nukes, the budget cuts, the clumsiness, the ignorance, the barking dogs, pray, count blessings, gold matters not, sliver cast off thy eye, stone u b pure, i profess clarity, midnight courage, sanddollar doves rise within, an eagle swooping down to capture rat crawl, one day babylon will recall the tongue that bow spoke in obsidian arrowheads capturing cactus flower beds at dawn, peyote mist, dreams past nightmarish military black gold plots locking earth clouds, rainless quaking, rattling huracanes, fast winds wallowing, shells upturning melodies, missions, yes justice for all truly for some, we b not included, could have played the part, yet not my play, coolness, frankness, fondness, catness, willfullness, elliotness and hooverness, damness, touchiness, jaguarness, treeness, beeness, antness, smokelessness, lifelessness, firelessness, sexlessness, bodylessness, mindlessness, brewlessness, rootlessness, a new sun sparkles us again warm bright drumming sunflower unwind windlight earthflow b treasure tinkling bells slingshooting platanares mirasol rushing candidates abound yet children have no shoes, beans are hard to find, rice and tortillas lack comales whatfor whoever whosoul what whip remain watersnake, milpas rise still and corncobs spit golden hairs off green husks, the blades of cane slice the skin off our hands we sweeten coffee canela chocolate boxes soaping mothersingle as quail bush ideology black gold requires a new greed and a new prostitute manifesto for transnationals 'guised as open trade dna dea doa usa crastíbol culón unborn, nonato hud iud dui abc cia drumming sunflower unwind windlight earthflow bark lava magma showtime magnitude amplitude thermometering blood b tracing tracy dicks, search seek, swallow thorns forget the roses, flutes ink no more songs, whales frolic still past this shore, ahuacatli flower bloom bone b brotherhood bastion bee sisterhood survives sweeps down winds springwatershot up the meadowed oaks weeping willows eucalyptus flutter with mariposa reinas de su espacio, otters clamming pearls and sweating vinegar jobs are hard to find, asphalt eats rubber off walking shoes, leather skin bone becomes before beckoning surrender sun simmers softly sinking across eye flutters two palm trees smiling, lincoln rose laughing b a foster parent parent not your own the other is swanflower sunflower swimflower to the shore sharks await thy drum looking still for u reina mora, shoe thyself clothe thyself house thyself love thyself i will shall shell clam off the rock lobster boil within salted pot lime luster leak no lead we b not carving death, being born bean b bodacious carry pearls silver ónix, crap on bull there b no more alexandrines left for anyone bearing hemlock

                                        ... poets pee off suicide as meaningless ... suicide? ... no dice
    play chicken some other cliff
                 keep heart whole
                      love
                       b

                        one
                         b
                        one
                        we
                         b
                       panal
                                bear honey
cast your hemlock to the sea
              u know life is a beach and then u have
       to swim to shore wave
this forehead is now yours
the satchel off my left arm   that thought b mine
as well, be filled

i know nothing off a lamp
unless my touch bears candles   u stand under rain
wicks suck oil to flame

fire prevails centered
lest all our planets b gone   wind carries dew
there b more than one star

silvermoon prevails
those of us who cherish   sun surrenders, u b i
trim thy venus mound

                'tis the hunted
                not the panther
                u b narrow
                i the arrow?
                        'tis the hunter
                        not the hare
                        r u pubic?
                        do u dare?

i hear thunder

        i hear thunder
yet there b no cloud
    dark enough to rain
upon my cheekbones
    like your elegance can
a blade slices my beard
to shrapnel, the grenade
    takes his leg and testicles
we return, debriefing on
    yes pointman i am
        still passionately in love
with the woman of a million
    moods and grimaces, u know
her image kept me alive
though i had never seen
    her flesh and blood
we returned 'n' rioted
      for the right to b
    sling shots will slay goliath
    and mammon will curse
our gold 'n' their banking
yes their sandals will wear
      our love our trust, our respect
not much to wear beyond
    the sincerity that smiles
        as we pray for liberty for all

the fluttering of winds breathes papalotl cross thee musk and the deer that wonders past the hills on to the ocean spray that whistles nothingness in tunes that settle upon palm trees dusk yes our tides beckon the shore of thighs lips passion b us

miami rastas

rastafarians in miami speak
in perfect caribbean spanish
rats roam the streets and many
taxi drivers look like z. acosta
the coast is still part of thee
mexican gulf, in spite mon
the gusano arrogance and boot
or marielito malice and Blades
a debt remains true, Rubén
solid as a day dream drum
dark rum eyed child
ivory teeth power smile
even the germans sprechen
blurting explosive cervantinian
verbos in this here nether
ever, neverland península
of glades, blades, slaves
this beach and the bananos
this city and the zealous guard
a nightmare lost to an epiphanous
windmill full of dice and eyes
windmill full of ice and rice and
not payable, nyet, not collectable either
pa' que tú sepa, inform thy debt

weaving down

weaving down the road a blanket full of moths & the asphalt is hurting for wet dark thighs to hug while the seagulls pluck up a storm above the castle house labyrinth for two who adore each other in a space where they don't have to see eye to eye ever three bathrooms & a half with nine bedrooms & two playrooms & three fireplaces & only one afghan dog and four siamese cats i see him daily his hair is gone she wears spike heels & drives the jaguar he zooms about in the lamborghini every other day & cars park & unwind wheelies on departure burning rubber the oil lamp needs a cleaning it smokes more than the thermoelectric plant in morro yet the sailboat sails cruise down through avila past the pelican rocks onto the nude sidewalls of the cove no more pirates hide treasure pubic hairs b shaved to vertical mustaches hitler would cringe to see the style he set under his nose between their fleshy labia as the snails tumble & the shrimp rumba & the rock crabs crawl past tiger shark nesting places and fishermen set the traps for lobster nosed tourists though they tour naught they creep about the restauranteur enterprising menus who know how much mercury & petroleum fish gulp beds of oysters are whitewashed past these dunes with time & the beat goes on & the race b down & dirty & the heat prevails putting people away who don't have anything to do but feed otters clams

gracia

    la luz
foqueamos
   en la madrugada
velando él
   aman e ser

en la noche

en la noche que te conocí
. . . todavía me sorprendo
solo, solamente pensando en ti
    ¡i sí!
pero, yo qué sé . . . ¿andar?
. . . ¿a poco? . . .
        i do walk
on water surfeando, planeando
sobre caguamas amamos hoy
. . . y siempre es una palabra
muy, muy, muy larga, siempre
sin embargo, en tu ausencia y
mi soledad permanezco, ama,
ama, amanezco enamorado
contigo, ¡no pos sí!
tú eres dios conmigo yo solo
me arrodillo ante la imagen
de la belleza que nos adorna
a ambos, la palabra es amor

vía, vía

vía, vía, tú, si tú quieres
si tú ingieres si tú bebes aquel
agua que te oxida pero qué vida
tú hieres qué corazón tú respiras
y qué oxígeno te llena y qué
leche te compone, al capone?
y qué discos si tú al poeta
despides y el tiempo que tú
tienes libre no lo dedicas a mí
pa' qué te sirve así tu arpa
si no tocas, si no bebes
de esta agua que así corre
y no la dejas tu ser vete tú
a la villa nueva, a la vieja
al abuelo, al enano y aquel
duende que de su vela se
prende solitario y sin
embargo esmeralda
y en los árboles silbando
ando todavía, proletario

un cielo azul

un cielo azul y penas amarillas
pero luego ni un pelo ni
una quilta, señor dios
he llega'o, óyeme que de
roma vengo empapa'o
de llanto de tablas melodías
mozárabes si tú encuentras
tu anillo verás mi rostro
si no el corazón en tu pecho
guarda que yo vivo pa' ti nomás
encerrado, liberado, arando
'ora ando solo sin puertas
ni na'a, ni na'a sin bichos
porque si esclavo he sido
señor tuyo no he de ser, tu
compañero tal vez sin
claveles chiquilla cuando te
ríes chispean tus ojos y
me encuentro en tus caderas

voraz león

voraz león, voraz urano
verás sobre la sala del crimen
lo que le pregunté al presidente
que si de piedra ha de ser la
cama no me escama a mí
la muerte serrana susana
que candela que camine
caminé y caminé sin
pisar líneas o quebrantos
pero, qué te cuento, gira vira
vuélvete tú a lo que eres
divina escucha tu duende
que la luna zapatea libertad
justicia, hermandad, besos
abrazos despeja venganzas
calma tú que la lucha es
nuestra como aztlán también
como nuestros vástagos como
nuestro pueblo, libre y ké!

sigo escribiendo

sigo escribiendo entre vientres
mar lleno de contradicciones
la pobreza como yerba mala crece
los tristes ojos mendigantes labios
piden limosna en la esquina de
cualquier cosmopolita calle los otros
trajeados con subordinante seda
arquean una ceja desdeñosamente
el gitano gime su duende impune
la gitana ruge con pasión la muerte
zapateando descalzo un niño no hace
ruido, ¿compasión? ¡no existe! ¿suerte?
¡menos! ¿muerte? ¡sobra! ¡qué zozobra!
¡si estas palabras fuesen balas!
¡si la metáfora bomba! ¡zaz!
si la poesía justicia, ¿repartición
de riqueza?! ¿qué fuera este
in mundo, planeta, si dios fuese
en realidad el verbo amor?!

cuando pierda todas las partidas

cuando pierda todas las partidas
cuando duerma con la soledad
para endurecer mi piel resistiré
tornaré en bronce mis venas
con un puñal de besos y contigo
en un mar de llantos y sudores
y lo que no me des no me lo pidas
será para la muerte que lo entregues
cantando arando contigo un par
de rosas rojas tardes noches
llama tú a la justicia yo prisionero
hermano tuyo y mío muertos ambos
campaneando fuentes paraderos
de barro mi pensamiento
moro andaluz vasco y ké!
quieres que yo te pague
lo que no me comí sin dormí'
clapea y cuéntaselo a mi madre
o a la tuya si tu tienes labia

letting go

letting go of my self-importance
turning my heart, mind, soul, i
return, sit listening within
observing without, our image
prevails indestructively us, we
b vain and proud and blind
the mirror perpetuates the glyph
carved countenance and pain
where has thy pleasure gone?
where have touch, hug, kiss
smile, dialogue departed to?
where have cariño, hope, dreams,
passion, cooperation split to?
where have we misplaced our
patience, our trust, our dusty
selves on shelves treasure the
familiar let go of love
and grab on to quotidian
fear, comfort lies rattling routines

yo ya no

yo ya no bebo más vino de
tu tinaja porque me echan
a la calle ¿o me dejo yo?
y las castañas de enero
o de febrero o del guerrero
brega tú el río que'l mar
se impone y pone océanos
pajarillos de toro de degas
qué hay de mí, tus morros
lengua salivea la bruma
espuma marítima que de
mi propia casa me has, con tu hoz
echado voz, carga tu carga cruz
porque yo he salido del
entierro y a los cielos
suelos talentos lentos
conocimientos, palmas
nopales y dos arbustos
de rosas míos son

to wait

to wait or naught to light
candles, velas al amor dolor
sacrificio terrenal y entrega total
¿para qué somos los que estamos
si no estamos los que somos?
preparados, listos, enamorados
condenados a ser y no estar
o a estar y no ser acaso el ocaso
acá brille y nazca allá la luz
se impone y la oscuridad retrocede
la guerra y el argumento hiede
a vergüenza, a crucificada
y vengativa transa desvelada
cámara oscura que capta
sólo sombras grises, azules
y opacas muecas que no esperan
más que lo que ofrecen
indiferencia, inflexibilidad
prende tu vela y escucha su flama

besar tus rodillas cruces

besar tus rodillas cruces
luces sangrientas rosas
derramantes morros jugosos
ojos flamantes sacrificio mío
embarrado de plumas gózote
en sueños tarregueados, dos
guitarras, liras, cuerdas te das
cuerda, color, sabor, bórrate
el orgullo recupera tu cava
cava no vayas sola por esta
vida que's nuestra espina
nuestro cáliz revolotea y
voltéate cruza ya tu muslo
sobre mi duende bastón duro
empuña tu cuña, sé tú oro
amatista púrpura, tiembla
no seas lúgubre sé pesebre
paja maja ploquea cada
cuerda colora tu vientre

raro

. . . raro, me han ofrecido un ombligo
y rehusado he a sabiendas que
amándola sólo me recordaría
el tuyo, el nuestro entre
sudores labores sábanas
labios sabios y conocedores besos
de amaneceres serenos sobrios
y verdaderos, como tú no hay dos
y no he de buscarte en otredades
porque he de encontrarte otra
vez, tal vez, haya modo, sí
. . . raro, me han ofrecido un ombligo
y he rehusado . . . raro . . . duro
sin embargo el marítimo
viento me seduce y huele a
tu vientre, huele a tu boca
sabe a tu lengua acariciante
húmeda sobre mi pene erecto
listo para entregar su miel

roma roja raja tabla

roma roja raja tabla
i las sonrisas abundan
en el silencio nocturno
mientras los vidrios
translucen los fuegos
los leños las llamas
por telé fono u grafo
copado de carcajadas
neumáticos italianos
un alemán no hace ruido
cuando saca su matraca
y chisquea los dientes
para escupir vellos púbicos
sin embargo los chicleros
rajan árboles erguidos
con las frutas de la tarde
y los huesos africanos
tumbalean congas cueros
cinturones y aceitunas
on thee, average your
feet together looking for
a partner musically
waltzing a salsa 'n'
frijoles negros on your head
manifested, man infested
thru thy sweater how's
the weather, honey?
bee u busy being buzzy
being born b thee average
or a person bursting forth
b a verb above, below
make u rattle, rock & ramble
i slip thru the asphalt meadow
plucking melodies in marble

flapping tongue across your eyes
yes past vigor bigger
imagination warmer
pointed funk florida
roma roja raja tabla

dos

no one touches my eyelids like your lips
    hugs my imagination like your hips
no one kisses my vision like your thighs
    sees my passion like your breasts
no one suckles my childhood like your eyes
    couples my attention like your rhythm
no one thinks my fingers like your feet
    speaks my love like your moans
no one smiles my coming like your verticality
    remembers my patience like your womb
no one i am   before you
    behind you
    below you
                              to your right
my left
                                    to your left
my self
        above
        within
        and
        without
        i
        you
        be
no one, two, us, dos, dios, yes

there bee

there bee no room
      hotel, or campground that
would, could, withstand
         or stand with anger
time for faith and illusion
      a fleeting seawave
space has arrived
      again, a gain
for reason dripping out of old
      faucets of mountain
clear water and, u know,
earth and the sun agree with
us owls of the north, hunting
serenity in blossoming orchids
      memory bases
halls of the typecast computer
    usher mist with the
trickle of a gentle guitar pluck
    children are awed by
new peaks that await their
    growth, red earth
promises work, worth, wealth
    and well being, so b it.

ex-ostión

ex-ostión, no se diga tiburón
    and the shallow waters
of shellfish para qué preguntar
si la mariposa nació con alas
o si la rosa, al brotar,
    diseñó sus propios
        pétalos y aroma
    quién sabe si el dolor
        produjo la perla
or if a grain of salt gemmed
an object
        of inquiry quién
    sabe, desirelessness
cannot be purchased, invoked
    or dreamed, falcons do
not worry about the plunge
        or the distance
in a down flight hunt
        to then soar
invincible, unbending above

walking about

walking about barceloneta
el distrito gótico de arcos
y torres con lágrimas de roca
imagínome lo que sería
sin ti la vida, xe, merxe
sonrientes estos rostros
catalanes de hablar de manos
walking about lacerado, wounded
lost in desire, wish u were here
i am whole and in pieces sobrio
torn and gathered, alone sereno
and in the world entre todos
si dinero tuviese, si rico fuese
no estaría donde estoy, abandona'o
mira que te quiero tanto que
ya me ahoga este llanto, las
lágrimas se han secado, sólo
sal rueda y arde en el parpadeo
que repíteme ¿por qué? why?

este llanto que te canto

este llanto que te canto
    este lloro que yo imploro
que te cuento vida, aquí
vine, vi y vencí no soy césar
alguien, yo soy quien te adora y llora
sol por los ojos, hijos, ojos que
es él, león, escarabajo
loro, la'h, la'h, ora
ora tora tora y si son los japoneses
    pues sin hamaca tú meces
    oro i plata incomprensible
porque no eres tú terrible
    ni tampoco es imposible
        regresar y hacer contigo
y comer los chilaquiles
    que tú sabes, hay que ver
esos ojos, esos rojos corazones
    majos, el amor imprescindible

now bless

                now bless
thee
        earth, rock, stone, sierras full
            of mil dueños
    aquí mijo, tu sun risa
            rifa
        tu amor acá para
              los ojos and
   the awe of strangers
         who know not where thy
well springs and blossoms with
              clarity,
                  recover
hover, over the moon
              reflections of
                  u and the
                        force which
     addresses your maritime soul

el coquí

el coquí es la rana
más sabia y la más
pequeñita, su canto
clama huracanes
y la lluvia mana
a cántaros, cenotes
compadre guerrillero
yo sólo canto árbol
y me yergo en flor

tú

tú heredia, yo heredia
y el abuelo me habla
todavía . . . ahora mueve
mis sesos el masón
contradice las leyes
las que se llaman hoy
democracia, él habla
yo escucho, sin temor
ahora pues es él,
el ángel de mi guardia
conversando conmigo
y al amanecer mi
primer encuentro,
aquí entre nosotros,
fue con una joven más
madura que fruta
yo hubiera imaginado
cortar anne zerian
poeta vidente pintora

foolish rituals

foolish rituals haunt my nervous system
      a moon beholds my offer
          to be one with
   or without
        the sun prevails
dawn is near como los esta dos uni dos
        equality is far, as far
    as dios, dos
        the u.s. of a. has
            bullets or bread
god has only questions
         man wonders still whether
           to b or not 2
    claras lunas anuncian
           presagian el ser
el sol se impone, know no nothing
           darkness gone
        dia logue prevails
         it b logos
      solution, dia logue
    remains
        the sheath of eros
           promise of life
               with violence
removed, renounced, resigned & absent

asfaltos amueblados

asfaltos amueblados
        with four wheeled cribs
as my father reminds me
    . . . they took the best
of México
    . . . look at these
hi güeys! free? ways?
    caricatures
walk tall
    tinkerbell to starwars
yet i . . .
wonder
z
and believe, ver, ër, creer
    ¿crecer?
¿ser or no ser?
    saber, to know
to gnaw? to kill? to he?
            to heal?
too many quests
too many ions
class
struggle
now? ¡ahorita!
patria o muerte
let hunger die
on the tongue
of he that wonders
how a milpa
grows tall

head

head plucking petals
rosebud peering
z cave wet waiting
wanting yet slushing
king of thy mound venus
your palm solid below
your thumb arching
king watch the board
queen cook all strategy
child b born the eighth
princess breathe out
jewel crown beach
pelican plane winds
water bearer disarms
palestinians shore up
arabs camel close by
jews agree war b expensive
russians need to shoe
the children watch
amerikan families
homelessly walk
highways, byways
riverbottoms and bridge
under dogs bark naught
cats hunt and deer flee
the herds of cows, crows
caw and owls hoot
as young coyotes wonder
who the joke b on
"... it not fonny say"
some one, two some
treesome, fishsome
cloudsome drought

maize b hurting
and pigs eat shit aging
goats take to the hills
there b few leaders
yet the son dawns

not possible

not possible for an obsidian knife
    2 cut the bondage of borderlands
the clarity of a glass of burgundy
        remains a dark
                red
                      mystery
politics, economics, violence, injustice
      u know there is a universe
awaiting
    suspended
        there is no choice
u is either for people, earth and sun
    or u is dying in the nuclearity
of power? of self deceit and ego
      personal power springs forth
          within,
without, men—if one can call us
    that—prepare for a war that
        signifies, codifies our
death wish
      let eros, b!
            let being b born
thanatos has no ewoks in outer
    space to heal the force, jed i
                live

high plains

high plains drift draft
raft, wish georgie was here
none
     mustangs and deer roam
freely on the street
     treasure hunt, chicklets
adams was a diplomat
     when Díaz was a dictator
he chewed harpsichords
     while Posada
drew
     calaveras crawling
apenas, a penas
     Comte, ¿Comte?
¿Augusto?
     not comfortable
Madero was already growing
     Lenin's goatee
and Zapata rode already
the North, oh the North
it stalked, it stalks
leaps and bounds Villa
     cash, dollars and pounds
not easy to ignore
     hammocks rocking
by sheep
     starlight, skies, cielos
vuelos velos bombas

he remembers

he remembers
me
well, and i, he
none
the less i water
flowering, thinking ferns
cats stay away
or else a costa
play, arpa veracruzana
lest they fuentes
b discovered naked
on the black soil
black earth, caguama
large turtle
jesus surfed on
there were no waves
the gnostics and the sophists
wallowed deep
they knew naught, océano

saw one

    saw one speak
               to ardilla
       ella buscaba piñones, mas
he asks: "why u climb up
              telephone post"
there remains the wisdom
            of a five-year-old
. . . she said—squirrel, said—
            "cause it no winter,
   no snow, no crack no
not yet, little fool, full of
            question 'n' ready
                answer"
he smile and frown and frolic
    and wonder
        if he really
spoke to ardilla
        he could smell skunk
not far away so
    he threw
        his horseshoes
    and listened

loose not

loose not
chuckle forth
wood blocks
bind the heart
mine, his, ours
we, walk on calles
sobre Calles, y Carranza
expro, piamos, piamos
pi amos, pi a mos a vos
Cárdenas, cárdenas
Mi choa can o pianos
Mi choa can o pi años
o can, choa mi a
o choa, can o, mis
hijos somos dinosaurs
papá Lázaro, pterodactyl
laza'pa rope man
horse, marañón Zapa
mustang, wild mare

cross bow sling

cross bow sling
shot plenty rolling
red rock black cat
panther fully spotted
waiting for thee, u
i, i, matter little
the inca, gave, yea agave
strength, strength, es tren
train survivors us, u
'n' yours perish not
      curse i, naught
one salve forth now
... bless us, yes
those yes es, nosotros
              dios, dos, das

yoga

yoga, ie, ome, teo, cihua, aum
      cent ered unicorn
           e man at in g
why? bee
      re solve
      re volt why know?
   why? yes non violence?
may b may b lent force
   water flux
   let the aged sierras
wisen thy fast
      may your eyes pop
and crackle and rumble sapo
   songs and tecolote
hoots if gnosis b canned
      b draft 'n' struggle
blood flows in red rivers, the
only war worth it wallows
   weeping is inside of scared
monkeymen, u man, full of deer
      doe forth

below thee

below thee
      moongloom of sierra starlight
      harmónica play awesome homestead
         dylan, i should know
bobby was here
    in thee, paso county
    as well as in el paso, texas
      y juárez, if u believe
in twanging guitar plucking off
           telephone posts
"... sólo las ardillas
    compa,
          sólo las ardillas"
y los cuervos crawl to the crimson
    crepuscular light
worms dread the plucking
      of fishermen
      dreaming of golden carps
or vetas de oro for that
      matter,
lizards still belly off
the warmth or coolness of a rock
don't lose your touch
      the waters,
    u know, the seas and rivers
      and rains
      and dews

sólo

sólo te quería decir abuela, que gracias a tu sonrisa, sueño poeta tú, sólo sombra yo de tu mata ámote aún, única como ella la que ungiste para mí, sosiego sensatez, serenidad qué sé yo, escribo a veces, suéñote más debo encontrar manera gesto, oración que nos vincule, pues como sabes, nos vamos, dejamos esta tierra mas no, todavía, este sol, logo, palabra que asusta, que sana pero qué sé yo es sólo una corazonada cartas amor, que es, él... es

cuando

cuando sueño contigo sueño conmigo
    soñamos dice mi otro yo
cuando camino, mis piernas me recuerdan
    las tuyas, salerosas
cuando sonrío, tus labios manifiéstanse
    sobre mis mejillas sonrojadas
cuando escribo, estas letras escúrrense
    enamoradas de tu verbo
cuando enseño, el teatro del salón
    tira las máscaras y es, y es
cuando pienso, todas las ideas me acosan
    y dícenme ella, nomás tú

cuando rezo, las perlas negras escapulan nuestro amor

cuando deseo, busco rosas en el invierno
    de nuestra soledad
cuando olfateo el café matutino,
    tus labios verticales vierten su aroma
cuando fumo, las nubes recogen sus faldas
    mojadas en la tierra
cuando me baño, el sol brilla
    para todos los morros húmedos
cuando me enamoro otra vez
    con la chispa de tus ojos, brillo
cuando respiro, digiero los recuerdos de tu voz
    y la luna vibra

cuando las horas machetean su azúcar, colibreo tu miel

cuando razono, me pierdo en tu faz, tu rostro, tu duda

cuando pinto, los colores y texturas
    derrámanse sobre tu tez
cuando como, percibo lo que me llena
    para aprender a volar

cuando platico, los arcos de mis cejas
    te añoran seriamente
cuando escucho la música,
    tu vientre se derrama dulcemente
cuando bebo, mis dientes añoran
    tu lengua sobre mis labios secos
cuando nado, mi cuerpo se estremece
    entre tus aguas limpias
cuando me siento, medito y acojo
    nuestro encuentro imperecedero

cuando cocino, me entrego a la ofrenda que es mana

cuando lucho, la cuenta del principio
    díceme, por ella, por ti
cuando amo, no conozco a nadie
    sin tu porte, tu elegancia
cuando río, sólo destruyo la importancia
    que a veces nos aqueja

cuando vuelo, no hay alas suficientes para tu pubis

cuando beso, me arde el corazón
    con tu lava flama magma
cuando lloro, mis ojos aspiran tu presencia rocío vaginal

¿cuando,   cuando,   cuando,   cuando,   cuando?

u know poetry

u know poetry
       i have only seen the deep dew
           drip dawn drops down
my cheek, i know naught,
              orpheus sought
                    the knowledge.
death does not haunt me there is
no disguise to my desire
      we are borderless,
continental many that treasure
      drumbeats, from the heart
at first, then the earth rumbles
      plastic cups. houston's
shores rattle 'fore the mexican's
      gulf rage, no wheat milk
holsters our dream of unity
      of oneness, of solitude
           and community
the end of hunger, and abuse
      the beginning of u
man i the death of thee,
wolf of man prevails